(唐)釋道宣 撰

宋思溪藏本廣弘明集

第四册

國家圖書館出版社

第四册目録

卷十一

卷十二

廣弘明集　才十一

四百七十七

赤一

元禄九年丙子二月日重脩

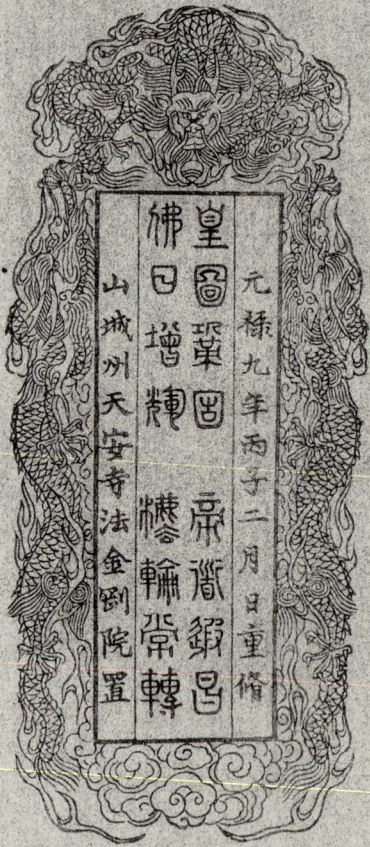

皇圖鞏固　帝道遐昌

佛日增輝　法輪常轉

山城州天安寺法金剛院置

廣弘明集卷第十一　亦

大唐西明寺釋　道宣　撰

辨惑篇第二之七

唐上廢省佛僧表并箴附

太史令朝散大夫臣傅奕上減省寺塔廢僧尼事十有一條

臣奕言臣聞羲農軒頊治合李老之風彈曰詩云上以風化下下以諷刺上老子在周爲守書藏吏如今秘書官也本非天子有何風

化令羲農上帝與之合治虞夏湯姬政符周
孔之教彈曰周公孔子竝是國臣上述虞夏
之教下化澆薄之民亦非人王不得自爲教
主豈令虞夏四君却符周孔之教耶雖可聖
有先後道德不别君有訟草治術尚同竊聞
八十老父擊壤而歌十五少童鼓腹爲樂耕
皆讓畔路不拾遺孝子承家忠臣滿國然國
君有難則徇命以報讎彈曰既國竝忠臣何
得有難田常六卿之徒不應起逆也父母有
痾則終身以側侍豈非曾參閔子之友庠序
成林墨翟耿恭之儔相來羽翊彈曰二十九
代止一曾參漢高巳前獨推閔子成林之言

無實羽翊之奏本虛事太過矣乃有守道含
德無欲無求彈曰州吁叔段不能守道夏桀
殷紂唯事貪求寵辱若驚職參朝伍彈曰滿
崇羿浞未肯若驚季氏陽貨亦居朝位荆山
鼎上攀附昇龍緱氏壇邊相從駕鶴瑤池王
母之使具禮來朝碧海無夷之神周行謁帝

所以然者當此之時共遵李孔之教彈曰黃
帝昇龍蓋是三皇之世瑤池王母後是周穆
之時計此李老未出之前孔丘無名之日不
應返遵老教卻習孔書者也而無胡佛改也
彈曰汝既稱無佛亦不得有道自漢明夜寢
金人入夢傅毅對詔辯曰胡神彈曰周世不

来傳毅豈知有佛量已先来早有傳氏得知
先祖言佛汝又穢無五逆重殃自貽永劫也
後漢中原末之有信 彈曰虛辭太過 魏晉東
虜信者一分 彈曰礼樂衣冠晉朝始備汝說
謗言夷虜中夏是誰無 笮融託佛齋而起逆
逃竄江東呂光假征胡而叛君峙立西土 彈
曰時人疾融譏之云結聚呂光征還符主國破
遂居河右霸在涼州亦不內僧擬居西土也
降斯已後妖胡滋盛太半雜華 箴曰慈悲所
熏出于末劫惡世有緣得度正在於斯 搢紳
门裏翻受禿丁邪戒儒士學中倒說妖胡浪
語 箴曰搢紳遵君子之服儒士貴金口之談

曲類蛙歌聽之喪本臭同鮑肆過者失香箴
曰發沙蛙聲揚沙鮑肆聽之必知喪本過者
章不失香仰面唾天自受其辱斯言信矣蕭
復廣置伽藍排麗非一箴曰造生天之業種
脘苦之因勞役工匠獨坐泥胡箴曰爭運身
手儀像聖尊也撞華夏之洪鐘集蓄僧之儔
衆箴曰鳴百練之神鐘召三千之聖衆動淳
民之耳目索營私之貨賄箴曰感信心之耳
目發貪癡之貨賄也女工羅綺剪作淫祀之
旛巧匠金銀散雕舍利之塚箴曰女工羅綺
造繢命之旛巧匠金銀起碎身之塔也秔梁麵
米權設僧尼之會香油蠟燭柱照胡神之堂

箴曰秔粱米麵爭陳福田之會香油蠟燭求
照慈悲之堂剥削民財割截國財朝廷貴臣
曾不一悟良可痛哉彈曰朝廷暬古捨俗歸
真崇敬釋門不同邪見伏惟
陛下定天門之開闔更新寶位通萬物之屯
否再育黔黎布李老無爲之風而民自化執
孔丘愛敬之禮而天下孝慈且佛之經教妄
說罪福箴曰原教所由示人斷惡之門開人
行善之路軍民逃役剃髮隱中不事二親尊
行十惡箴曰捨二親之恩愛修十善之仁風
忍其小違以成大順也已歲月不除姦僞逾
甚臣閱覽書契爰自庖犧至於漢高二十九

代四百餘君但聞郊祀上帝彈曰圓丘南郊不免殺牲之各豈如佛戒不殺爲先校量是非斷可知矣官治民察未見寺堂銅像建杜寧邦請胡佛邪教退還天竺箴曰緣感則興事濟便息來往應物隱顯隨時凡是沙門放歸桑梓令逃課之黨普樂輸租避役之曹恒忻効力勿度小秃長揖國家彈曰昔嚴子陵不拜天子趙元叔長揖司空典籍稱其美也況沙門是出世福田釋氏爲物外高士欲令拜謁違損處深理不可也自足忠臣宿衛宗廟則大唐廓定作造化之主百姓無事爲羲皇之民彈曰造化之世人不輸租羲皇之民鼓

腹而卧聖明在上豈信崔皓姜斌之詞者臣
奕誠惶誠恐彈曰事君盡忠言而有信聞奏
不實罪有所皈誣罔國家終須伏劒豈誠惶
誠恐能了者矣也
謹上益國利民事十有一條如左謹言彈曰
如汝所奏損國害民事不可也

武德四年六月二十一日

上秦王論啓

沙門法琳等啓琳聞情切者其聲必哀理正
者其言必直是以窮子念達其言勞人願歌
其事何者竊見大業末年天下喪亂二儀黲
黷四海沸騰波震塵飛丘焚原燎五馬絕浮

江之路七重有平壘之歌烽燧時警羽檄覺
馳關塞多虞刁斗不息道消德亂運盡數窮
轉輸寔繁頭會箕斂積屍如莽流血爲川人
不聊生物亦勞止控告無所投骸莫從百姓
苦其倒懸萬國困其無主豈圖法輪絶響正
教陵夷聖上興弔俗之心百姓順昊天之命爰舉
義旗平一區宇當時道俗蒙賴華戎胥悅於
是叶天地而通八風測陰陽而調四序和邦
國序人倫功蓋補天神侔立極降雲雨而生
育開日月以照臨發之以聲明紀之以文物
恩霑荇葦施洽蟲魚方欲重述九疇再敷五
教興石渠之學布庠序之風遠紹軒羲近同

文景功業永隆不知手之舞之足之蹈之若
矣竊見傅奕所上之事披覽未遍五内分崩
尋讀始周六情破裂嗚呼邪言惑正魔辯逼
眞猶未足聞諸下愚況欲上干　天聽但
奕職居時要物望所知何容不近人情無辜
起惡然其文言淺陋事理不詳辱先王之典
謨傷人倫之風軌何者夫人不言言必有中
夫子曰一言合理則天下歸之一事乖常則
妻子背叛觀弈所上之事括其大都窮其始
末乃罔冒闕庭處多毀辱聖人甚切如弈此
意本欲因茲自媒苟求進達實未能益國利
人竟是惑弄朝野然陛下應天順時握圖之

發起萬國之心當一人之慶扶危救世之力夷兇靜難之功固以威蓋前王聲高往帝爰復存心三寶留意福田預是出家之人莫不感戴天澤但由僧等不能遵奉戒行酬報國恩無識之徒非違造罪致令傳奕陳此惡言躃踊痛心投骸無地然僧尼有罪甘受極刑恨奕輕辱聖人言詞切害深恐邪見之者因此行非案春秋魯莊公七年夏四月恒星不現夜明如日即佛生時之瑞應也然佛有真應二身權實兩智三明八解五眼六通神曰不可思議法号心行處滅其道也運衆聖於泥洹其力也接下凡於苦海自後漢明帝永

平三年夢見金人已來像教東流靈瑞非一具在漢魏諸史姚石等書至如道安道昙之輩啚澄羅什之流並有高行深解當世名僧盡被君王識知貴勝崇重自五百餘年已來寺塔遍於九州僧尼溢於三輔並由時君敬信朝野歸心像教興行於今不絶者寔荷人王之力也世間君臣父子猶謂恩澤難酬昊天不報況佛是衆生出世慈父又爲凡聖良醫欲抑而挫之罪而辱之不可得也仰尋如來智出有心豈三皇能測力包造化非二儀可方列子云昔商太宰嚭問孔丘曰夫子聖人歟孔子對曰丘博識強記非聖人也又問三王

聖人歟對曰三王善用智勇聖非丘所知又問五帝聖人歟對曰五帝善用仁信聖亦非丘所知又問三皇聖人歟對曰三皇善用時政聖亦非丘所知太宰大駭曰然則孰爲聖人乎夫子動容有間曰西方之人有聖者焉不治而不亂不言而自信不化而自行蕩蕩乎民無能名焉若三王五帝必是大聖孔丘豈容隱而不説便有匿聖之愆以此校量推佛爲大聖也老子西昇經云吾師化遊天竺善入泥洹符子云老氏之師名釋迦文直就孔老經書師敬佛處文證不少豈奕一人所能謗讟昔公孫龍著堅白論罪三王非五帝

至今讀之人猶切齒已爲前鑑良可悲夫
主上至聖欽明方欲放馬休牛輒閭封墓興
皇王之風開釋老之化狂簡之説尤可焚之
若言帝王無佛則大治年長有佛則虐政祚
短者案堯舜獨治不及子孫夏殷周秦王政
數改蕭墻内起逆亂相尋介時無佛何因運
短但琳預居堯世日用莫知在外見不便事
恐蕃國遠聞謂華夏無識夫子曰言滿天下
無口過行滿天下無怨惡言之者欲使無罪
聞之者足以自誡傅弈出言不遜聞者悉驚
有穢國風特損華俗謹録丹欵冒以啓聞伏
惟大王殿下天挺英靈自然岐嶷風神頴越

器局含弘好善爲樂邁彼東平温易是歡更方西楚加以阿衡百揆式序六條德既褰羅仁兼裂綱開康莊之第坐荀卿之賔起脩竹之園醼文雅之客莫不詩極緣情而賦窮體物信可譽形朝野美貫前英者焉但琳等内顧闇如方圓寡用念傳奕下愚之甚媿凡僧禿丁之呵惡之極也罪莫大焉自尊盧赫胥巳來天地開闢之後未有如奕之狂敎也不任斷骨痛心之至謹録奕害事輒述鄙詞件荅如左塵黷威嚴伏增殞絶謹啓

武德五年正月

弈云海内勤王者少樂私者多乃外事胡佛

内生邪見剪剃鬚膚迴換衣服出臣子之門入僧尼之户立謁王庭坐看膝下不忠不孝聚結連房且佛在西域言妖路遠統論其教虛多實少捨親逐財畏壯慢老重富強而輕貧弱愛少美而賤耆年以幻惑而作藝能以矯誑而爲宗旨然佛爲一姓之家鬼也作鬼不兼他族豈可催駈生漢供給死胡賤此明珠貴彼魚目違離嚴父而敬他人何有跪十箇泥胡而爲卿相置一盆殘飯得作帝王據佛邪説不近人情且佛揖瞽大言不及旃孟奢侈造作罪深桀紂入家破家入國破國者也

對曰夫出家者内辭親愛外捨官榮志求無

上菩提願出生死苦海所以棄朝宗之服披
福田之衣行道以報四恩立德以資三有此
其之大意也若言佛爲胡鬼僧是秃丁者案
孔子經書漢魏已來內外史籍略引孔老師
敬佛處文證如左以荅邪人冀其伏罪道士
法輪經云若見沙門思念無量願早出身以
習佛眞　又云若見佛圖思念無量當願
一切普入法門太上清淨消魔寶眞安志智
慧本願大戒上品經四十九願云若見沙門
尼當願一切明解法度得道如佛老子昇玄經
云天尊告道士張陵使往東方詣佛受法道
士張陵別傳云陵在鶴鳴山中供養金像轉

讀佛經

昇玄又云東方如來遣善勝大士詣太上曰如來聞子爲張陵說法故遣我來看子語張陵曰卿隨我往詣佛所當令子得見所未見聞所未聞陵即禮大士隨往佛所

老子西昇經云吾師化遊天竺善入泥洹智慧觀身大戒經云道學當念旋大梵流影宮禮佛昇玄經云若有沙門欲來聽經觀齋供主不得計飲食費過截不聽當推置上坐道士經師自在其下昇玄又云道士設齋供若比丘來者可推爲上座好設供養道士經師自在其下若沙門尼來聽法者當隱處安置

推爲上座供主如法供養不得遮止也化胡經云願採憂曇華願燒栴檀香供養千佛身稽首禮定光

又云佛生何以晚泥洹一何早不見釋迦文心中常懊惱靈寶消魔安志經云道以齋爲先勤行當作佛新本並改云勤行登金闕故設大法橋普度諸人物老子大權菩薩經云老子是迦葉菩薩化遊震旦又靈寶法輪經云葛仙公生始數日有外國沙門見仙公禮拜兩手抱持而語仙公父母曰此兒是西方善思菩薩今來漢地教化衆生當遊仙道白日昇天仙公自語弟子云吾師姓波閱宗字

維那訶西域人也
仙公請問衆聖難經云葛仙公告弟子曰昔
與釋道微竺法開張太鄭思遠等四人同時
發願道微法開二人願爲沙門張太鄭思遠
願爲道士
仙公起居注云于時生在葛尚書家尚書年
逾八十始有此一子時有沙門自稱天竺僧
於市大買香市人怪問僧曰我昨夜夢見善
思菩薩下生葛尚書家吾將此香浴之到生
時僧至燒香右遶七帀禮拜恭敬沐浴而止
仙公請問上經云與沙門道士言則志於道
上品大戒經校量功德品云施佛塔廟得千

倍報布施沙門得百倍報
昇玄内教經云或復有人平常之時不肯作
福見沙門道士説法勸善了無從意云云
道士陶隱居禮佛文一卷　智慧本願大戒
上品經曰施散佛僧中食塔寺一錢已上皆
二萬四千倍報功少報多世世賢明翫好不
絶七祖皆得入無量佛國
仙公請問經云復有凡人行是功德願爲沙
門道士大博至後生便爲沙門大學佛法爲
衆法師
復有一人見沙門道士齋靜讀經乃笑曰彼
向空吟經欲何希耶虚腹日中一食此罪人也

道士乃慈心𠋫之故執意不釋死入地獄考毒萬苦

仙公請問經云五經儒俗之業道佛各歎其教大歸善也

太上靈寶眞一勸誡法輪妙經云吾歷觀諸天從無數劫來見道士百姓男子女人已得無上正眞之道高仙眞人自然十方佛皆受前世勤苦求道不可稱計

法輪妙經云道言夫輪轉不滅得還生人中大智慧明達者從無數劫來學已成眞人高仙自然十方佛者莫不從行業所致也

右録道經師敬佛文如前

案周書異記云周昭王即位二十四年甲寅歲四月八日江河泉池忽然泛漲井泉並皆溢出宫殿人舍山川大地咸悉震動其夜五色光氣入貫太微遍於西方盡作青紅色周昭王問太史蘇由曰是何祥也由對曰有大聖人生於西方故現此瑞昭王曰於天下何如由曰即時無他一千年外聲教被及此土昭王即遣鐫石記之埋在南郊天祠前當此之時佛初生王宫也穆王即位三十二年見西方數有光氣先聞蘇由所記知西方有聖人處世穆王不達其理恐非周道所宜即與相國呂侯西入會諸侯於塗山以禳光變當

此之時佛久已處世至穆王五十二年壬申歲二月十五日平旦暴風忽起發損人舍傷折樹木山川大地皆悉震動午後天陰雲黑西方有白虹十二道南北通過連夜不滅穆王問太史扈多曰是何徵也對曰西方有大聖人滅度衰相現耳穆王大悦曰朕常懼於彼今已滅度朕何憂也當此之時佛入涅槃也史録曰吳太宰嚭問於孔子曰孰爲聖人乎孔子曰西方之人有聖者焉不治而不亂不言而自信不化而自行蕩蕩乎民無能名焉

右録孔書稱歎佛文如前

弈云僧尼六十已下簡使作民則兵強人衆

弈云寺多僧衆損費為甚絓是寺舍請給孤老貧民無宅義士三萬戶州唯置一寺草堂土塔以安經像遣胡僧二人傳示胡法弈云西域胡者惡泥而生便事泥瓦今猶毛臊人面而獸心土梟道人驢騾四色貪逆之惡種佛生西方非中國之正俗蓋妖魅之邪氣弈云庖犧已下二十九代父子君臣立忠立孝守道履德生長神州得華夏正氣人皆淳朴以世無佛故也

弈云秦起秦仲三十五世六百三十八年

弈云帝王無佛則大治年長有佛則虐政祚短自庖犧已下二十九代而無佛法君明臣

忠國祚長久
弈云未有佛前人民淳和丗無簒逆者
弈云佛來漢地有損無益入家破家入國破國
弈云趙建武時有道人張光反梁武時僧光
反况今僧尼二十萬衆須早廢省
一荅廢省僧尼事者
對曰夫形迹易察而眞僞難明自非久處未
可知矣昔遠法師荅桓玄書云經教所述凡
有三科一者禪思入微二者諷味遺典三者
興建福業然有興福之人不存禁戒而迹非
阿練者或有多誦經文諷詠不絕而不能暢
說義理者或有年已宿長雖無三科可紀而

體性貞正不犯大非者以此校量取捨難辨案出家功德經云度一人出家勝起寶塔至于梵天何者人能弘道自利利他潔己立身住持三寶津梁七世資益國家請有罪者依法若治無過者爲國行道

一答毀寺給民草堂安像

對曰法流漢地五百餘年寺舍僧尼積世來有龕塔堂殿皆是先代興營房宇門廊都由信心起造或爲存殁二親及經生七世求將來勝報種見在福田咸出彼好心非佛僧課立書云成功不毀故子產不毀伯夷之廟夫子謂之仁人况佛爲三界良田四生父母唯

可供養不可毀除佛雖去世法付人王伏惟
陛下再造生民重興佛道即是如來大檀越
主請遵漢明永平之化近同文帝開皇之時
一荅西域胡者人面獸心貪逆惡種佛生西
方妖魅邪氣者
對曰案史記歷帝王儉目録及陶隱居年紀
等云庖犧氏蛇身人首大庭氏人身牛頭女
媧氏亦蛇身人頭秦仲衍鳥身人面夏禹生
於西羌文王亦生西羌簡狄吞鷰卵而生偰
伯禹剖母胷背而出伊尹託自空桑元氏魏
主亦生夷狄然並應天明命或南面稱孤或
君臨萬國雖可生處僻陋形貌鄙麁而各御

天威人懷聖德老子亦託牧母生自下凡何
得以所出庸賤而無聖者乎夫子云君子之
居何陋之有信哉斯言也僉曰有道則尊豈
簡高下故知聖應無方隨機而現尋釋迦祖
祢蓋千代輪王之孫剎利王之太子期兆斯
赴物感則形出三千世界之中央南閻浮提
之大國垂教設方但以利益衆生爲本若言
生在羌胡出自戎虜便爲惡者太昊文命皆
非聖人老子文王不足師敬
案地理志西域傳言西胡者但是葱嶺之東
三十六國不關天竺佛生之地若知妄說何
罪之深若不知浪言死有餘責

一荅庖犧已下二十九代父子君臣立忠立
孝守道履德稟華夏正氣者
對曰史記淮南等云黃帝時蚩尤銅頭鐵額
作亂天下與黃帝戰于坂泉以登帝位蚩尤
逆命復戰涿鹿之野凡經五十二戰顓頊時
龔公作亂頭觸不周山天柱折地傾危顓頊
又誅三苗於左洞庭右彭蠡汲冢竹書云舜
因堯於平陽取之帝位今見有囚堯城舜又
與有苗戰于丹水之浦堯上射九日落其烏
羽楚詞十日代出流金鑠石繳大鳳於青丘
斬脩虵於洞庭禽封豕於大澤殺九嬰於凶
水尚書云洪水滔天壞山襄陵黎民阻飢百

姓昏墊禹時百姓各以其心而柏谷子退耕於野三苗不修德政禹親滅之夏桀之居左河濟右太華伊闕在其南羊腸背其北焚皇圖殺龍逢囚成湯縱未嬉修政不仁湯放滅之湯凡九征二十七戰大旱七年河洛竭流銷金爛石高宗伐鬼方三年殷紂辛迷惑妲己恣十惡之害流五虐之刑剖賢人之心刳孕婦之腹囚文王禁箕子周武王伐紂於牧野血流漂杵誅之鹿臺王親射紂躬懸頭太白之旗而夷齊非之不食其粟孔子曰武盡美矣未盡善也武王之世三監作亂成王之日二叔流言宣王六月出征詩云薄伐獫狁

至于太原採薇遺戍役云北有獫狁之難西有昆夷之患採芑又云宣王南征

對曰上來所道並是三皇已下三王之時必能守道履德懷忠奉孝介時無佛足可清平何爲世世興師兵戈不息至於毒流百姓殃及無辜乃爲姚石慕容永嘉之世豈名蕩蕩無爲之時邪見失言一何謬矣一荅秦仲已下三十五世六百餘年者

對曰史記云自殷已前諸侯不可得而譜爲多失次第年代難知故尚書但以甲子爲次第而無年月者良以史闕不記也邪見乃始於秦仲迄于二世有六百餘年者一往似長出

何的證案春秋已前秦本末有春秋已來始有秦伯當春秋時秦仲時雖漸霸但是周之小邑孝王之世令非子放馬於汧渭之間不承天命未有正朔曾孫秦仲宣王之世始受車馬侍御之臣仲孫襄公以送平王東遷進爵爲伯文公已下始見史記自茲訖滅不過二百餘年史記竹書及陶公年紀皆云秦無曆數周世陪臣故隱居列之在諸國之下何因得有年紀續至胡亥史記但從厲公列之一百一年終于二世縱有年代皆附春秋自無別紀赧王之末秦昭襄王因周微弱始滅周國僭号稱王諸史相承秦唯五世四十九年齊

秘書楊玠史目云秦自始封至滅凡三十五
世六百餘年者蓋取始封秦号經六百餘年
非霸統中國經多年也邪見乃延秦短祚冒
上長年一何虚妄哉
一荅帝王無佛年長有佛祚短自庖犧已下
爰至漢高二十九代君明臣忠者
對曰夫理貴深據言資實錄何故庖犧獨治
不及子孫堯舜二君位居五帝堯則翼善傳
聖舜亦仁盛聖明如尚書二典論其化民治
道功業最高民無能名則天之明君也堯又
廢兄自立其子丹朱不肖舜則父頑母嚚並
止一身不能及嗣尒時無佛何不世世相傳

遠早磨滅
隱居年紀云夏禹治九年
羿篡十五年　浞篡十二年
夏皐十一年　夏發十二年
對曰書云舜禹之有天下也巍巍乎其有成
功煥煥乎其有文章大禹謨云禹能昇宮菲
食皂帳綈衣而盡力於溝洫爲民治水於民
有功若皇天輔德何爲天祚不永治止九年
勘年紀云夏后相及少康之世其臣有窮羿
寒浞及風夷淮夷黄夷斟尋等國並相次作
亂凡二十六年篡夏自立當時無佛篡逆由誰
殷湯治十三年　外丁治三年

仲壬治四年　太甲治十年
沃丁治十三年　太戊治十年
外壬治三年　沃甲治四年
盤庚治九年　小辛治七年
對曰湯仁不殺開三面之網放夏桀於鳴條
之野甚有仁德尒時無佛何以天曆不長外
丁外壬其年轉促尚書云湯行九代太甲五
征伊尹立湯子勝又立勝弟仲壬又放太甲
于郮宮汲冢書云伊尹自篡立後太甲潛出
親殺伊尹而用其子既稱忠朴之世尒時無
佛何爲豐起蕭牆君臣無道
周武王治十一年　懿王三年絕嗣

僖王五年絕嗣　頃王六年
匡王六年　元王八年
列王七年　靜王六年
貞王八年　悼王一百一日
哀王三月　思王五月
對曰武王伐紂師渡孟津白魚入舟應天壽
命謚法曰尅定禍亂曰武民賴來穌式閭封
墓休牛放馬治致太平汝言無佛年長何因
祚短治十一年懿王僖王更復絕嗣周武滅
佛壽祚更窮子孫披猖須臾運徙
秦五世六君四十九年　昭王五年滅周後始稱王在位五年
孝文王式一年　襄王楚三年

始皇政三十七年　胡亥三年
殤帝子嬰四十六日
對曰周顯王五年秦穆公始霸三十四年秦權周政竹書云自秦仲之前本無年世之紀陶公並云秦是篡君不依德政次第不在五運之限縱年長遠終非帝王以短爲長指虛爲實有何意見秦時北築長城備胡僞殺扶蘇矯立二世陳勝蟻聚作亂關東
漢高祖十二年　惠帝七年
文帝高祖第四子非嫡　武帝本膠東王景帝第六子非嫡　漢初匈奴入塞烽火照甘泉宮南越不賓乃習水戰

孝景時吴楚七國皆反昭帝崩立兄
子昌邑王即位二十七日凡有一千
一百二十七罪霍光廢之後立宣帝
此時無佛何爲乃尒
後漢凡十二帝一百九十五年
光武三十三年　孝明十八年
章帝十三年　和帝十七年
安帝十九年　順帝十九年
桓帝二十一年　靈帝三十一年
獻帝三十年
對曰後漢書云光武撥亂反政明帝致治升
平民無百里之憂吏無出門之役麒麟入囿

神鳳栖桐赤雀文龜蒼烏白鹿嘉瑞備臻兆
民胥悅慶垂洳汨磅礴之恩布通天漏泉之
澤論衡等書並云後漢嘉祥不匱周夏汝言
有佛祚短何故長年
隱居云自魏皇初元年至蕭齊之末凡二百
八十三歲
托䟦元魏一十七君合一百七十九年尒時
佛來何故年久
一荅佛未出前世無簒逆者
對曰何故周烈王弟顯王簒位四十八年慎
王五一百一日爲庶弟子朝所害敬王弟哀
王治三月思王外哀王弟治五月思王殺之

孝王復殺思王三王共立一年出陽玢史目闞公年紀
弈云西域胡且末國兵三百二十人小宛國
兵二百人戎盧國兵三百人渠勒國兵三百
人依耐國兵三百五十人郁立師國兵三百
三十一人單相國兵四十五人孤胡國兵四
十五人凡八國胡兵合有一千八百九十一
人皆得紹其王業據其土地自相征伐屠戮
人國況今大唐僧尼二十萬衆共結胡法足
得人心寧可不備預之哉

對曰檢漢書西域傳云沮沫小宛等八國並
是葱嶺巳東漢域胡國計去長安不經万里
本非天竺佛生之地又無僧尼在中謀逆縱

彼造惡何關此僧但弈狂鬼入心外興邪說
虛引往事假謗今賢達者知其浪言愚人必
生異見惑亂朝野深可痛哉
一吝佛來漢地有損無益入家破家入國破
國漢明之時佛法始來者
大唐聖朝正信君子論曰諸佛大人遊涅槃
之妙苑住般若之眞空不可以言象求不可
以情慮揆形同法性壽等太虛但應物現身
如水中月所以瞿師見三尺之貌羅漢覩丈
六之容大滿虛空小入絲忽隨緣應質化無
常儀尋釋迦之肇依後漢郊祀晉魏等書及
王儉史録費長房三寶録考校普曜本行等

經並云佛是周時第十五主莊王他九年癸巳之歲四月八日乗栴檀樓閣現白象形從兜率下降中天竺國迦毗羅城刹利王種淨飯大王第一夫人摩耶之胎至十年甲午二月八日夜鬼宿合時於嵐毗園波羅樹下從摩耶夫人右脇而生放大光明照三千世界

瑞應經云沸星下現侍太子生本行又云虛空無雲自然而雨左傳云星隕如雨杜氏注解云蓋時無雲然與佛經符合信知佛生時也十九出家三十成道四十九年處世說法至周匡王四年壬子二月十五日後夜於拘尸城入般涅槃自滅度巳來至大唐武德五

年壬午之歲計得一千二百二十一歲滅後一百一十六年東天竺國有阿育王收佛舍利役使鬼兵散起八萬四千寶塔遍閻浮提我此漢土九州之内並有塔焉育王起塔之時當此周敬王二十六年丁未歲也塔興周世經十二王至秦始皇三十四年焚燒典籍育王諸塔由此淪亡佛家經傳靡知所在如釋道安朱士行等經録目云始皇之時有外國沙門釋利防等一十八賢者賫持佛經來化始皇始皇弗從乃囚防等夜有金剛丈六人來破獄出之始皇驚怖稽首謝焉問曰雖有此說年紀莫知以何爲證請陳其決答曰

前漢成帝時都水使者光禄大夫劉向傳云向博觀史籍備覽經書每自稱曰余遍尋典策往往見有佛經及著列仙傳云吾搜檢藏書緬尋太史創撰列仙圖自黄帝已下六代迄到于今得仙道者七百餘人向檢虚實定得一百四十六人又云其七十四人已見佛經矣推劉向言藏書者蓋始皇時人間藏書也或云夫子宅内所藏之書據此而論豈非秦漢已前早有佛法流行震旦也尋道安所載十二賢者亦在七十四人之數今列仙傳見有七十二人

案文殊師利般涅槃經云佛滅度後四百五

十年文殊至雪山中爲五百仙人宣説十二部經訖還歸本土入于涅槃恒星之瑞即其時也案地理志西域傳云雪山者即葱嶺也其下三十六國先來屬秦漢以葱嶺多雪故号雪山焉文殊往化仙人即其處也詳而驗之劉向所論可爲證矣雖遭秦世爇除漢興復出所以荆楊吴蜀扶風洛陽有寶塔處皆發神瑞具在衆書依檢成帝鴻嘉三年歲在癸夘劉向撰列仙傳明矣故知周世佛法久來生盲人云有佛祚短良可悼矣依經律云釋迦正法千年像法千年末法萬年五千年已還四衆學者得三達智證四道果末法已

去猶披袈裟勘周書異記云穆王聞西方有佛遂乘騄駵八駿之馬西行求佛因以攘之據此而推同齊時統上法師荅高麗使云佛是西周第五主昭王二十四年甲寅歲生至武德五年得一千五百七十七年也信穆王之世法已東行劉向之言益爲明證矣又漢武帝鑿昆明池得黑灰以問東方朔朔云非臣所知可問西域胡人後外國沙門竺法蘭來因以事問蘭云是劫燒餘灰也方朔旣博識通人生知儁異無問不酬無言不荅豈容不達逆記胡人葢是方朔又知佛法興行勝人必降故有斯對也佛旣去世阿難摠持一

言不失迦葉結集羅漢千人咸書皮紙並題木葉致令五百中國各共奉持十六大王同時起塔逮于漢世東流二京所經帝王十有六代飜梵經本爲漢正言相承至今垂六百祀是以佛日再曜起自永平之初經像重興發于開皇之始魏人朱士行沙門衞道安等

並爲記録揔其華戎道俗合有一百八十二人所譯經律論或大小乘三藏雜記等凡二千一百七十一部揔有六千四百四十六卷莫不垂甘露於四魔之境流慧日於三有之中汲引將來永傳勝業敎人捨惡行善佛法最先益國利民無能及者汝言破家破誰家

破國破誰國邪見竪子無角畜生夙結豺心久
懷蠆毒無絲髮之善負山岳之辜長惡不悛
老而彌篤乃以生盲之慮忖度聖尊何異尺
鷃之笑大鵬井蛙不信滄海可謂闡提逆種
地獄罪人傷而憫之故爲論也尋 夫七十
二君三皇五帝孔丘李耼漢地聖賢莫不葬
骨三泉橫屍九壤未有如佛舍利現瑞放光
火燒不然砧鎚不碎於今見在立試可明且
據此一條足知佛法之神德也震旦諸聖孰
與爲儔乃欲毀而滅之事難容忍傷風敗俗
虧損福田誑惑生民汙黷朝野實可歎矣
奕云佛法來漢無益世者

對曰準上以談此土先聖亦未可弘矣至如孔子周靈王時生敬王時卒計其在世七十餘年既是聖人必能匡弼時主何以十四年中行七十國宋伐樹衛削迹陳絕粮避桓魋之殺黜喪狗之呼雖應聘諸國莫之能用當春秋之世文武道墜君暗臣姦禮崩樂壞尒時無佛何因逆亂滋甚篡弒由生孔子乃府俛順時逡巡避患難保妻子終壽百年亦無取矣或發匏爪之言興逝川之嘆然復遜詞於季氏傷鳳鳥不至河不出圖及西狩獲麟遂返袂拭面稱吾道窮雖門徒三千刪詩定禮亦疾沒世而名不稱吾何以見於後世矣

遭盜跖之辱被丈人之譏校此而論足可知也若以無利於世孔老二聖其亦病諸何爲訥其木舌而不陳彈也

一荅寺饒僧衆妖孽必作如後趙沙門張光後燕沙門法長南凉道密魏文孝時法秀太和時惠仰等並皆反亂者

對曰檢崔鴻十六國春秋並無此色人出何史藉苟生誣枉誑惑君王請勘國史知其妄奏案前後漢書即有昆陽常山青泥緑林黑山白馬黄巾赤眉等數十羣賊並是俗人不關釋子如何不論後漢書云沛人道士張魯母有姿色兼挾鬼道往來劉焉之家焉後爲

益州刺史任魯爲督義司馬魯共別部司馬
張修將兵掩殺漢中太守蘇固斷絶斜谷殺
漢使者魯既得漢中又殺張修而并其衆于
時假託神言黃衣當王魯因與張角等相應
合集部衆並戴黃巾披道士之服數十萬人
賊害天下自據漢中垂三十載後爲曹公所
破黃衣始滅尒時無一沙門獨饒道士何默不
論然漢魏名僧德行者衆益國甚多何以不
説但能揚惡專論人短豈是君子乎魏志曰
張魯字公旗祖父陵客蜀學道在鶴鳴山造
作道書以惑百姓從受道者出米五斗世号
米賊陵死子衡傳業衡死魯復傳之陵爲天

師衡爲嗣師魯爲係師自号三師也素與劉
焉善爲死子璋立以魯不順殺魯母及家室
魯遂據漢中以鬼道化民符書章禁爲本其
來學者初名鬼卒受道者用金帛之物号爲
祭酒各領部衆衆多者名治頭有病者令首
過大都與張角相似

後漢皇甫嵩傳云鉅鹿張角自稱大賢郎師
奉事黃老行張陵之術用符水祝法以治病
遣弟子八人使於四方以行教化轉相誑惑
十餘年間衆數十万自青徐幽冀荆楊兖豫
八州之民莫不必應遂置三十六方方猶將
軍号也大方万餘人小方六千人訛言蒼天

死黄天當立歲在甲子天下大吉以白土書京邑寺門皆作甲子字中平元年三月五日内外俱起皆著道士黄服黄巾或殺人祠天于時賊徒數十万衆初起穎川作亂天下並爲皇甫嵩討滅

南鄭反漢而蜀亡 出魏書

孫恩習仙而敗晉 出晉書

道育醮祭因而禍宋 出宋書

于吉行禁殆以危吴 出吴書

公旗學仙而誅家 出華陽國志

陳瑞習道而滅族 事在晉陽春秋

魏華叛夫 出靈寶經序

張陵棄婦　見陵傳

子登背父衛叔去兄 出神仙傳

右古來道士破家破國爲逆亂者略引如前

對曰自陵三世專行鬼道符書章醮出自道家禁厭妖孽妄談吉凶姦由茲起然吴魏已下晉宋已來道俗爲妖數亦不少何以獨引衆僧不論儒道二教至如大業末年王世充李密建德武周梁師都盧明月李軌朱粲唐弼薛舉等並是俗人曾無釋氏何爲不道事偏理局黨惡嫉賢爲臣不忠明矣

弈云請胡佛邪教退還西域凡是僧尼悉令歸俗者

對曰莊周云六合之内聖人論而不議六合之外聖人存而不論老子云域中有四大而道居其一考詩書禮樂之致但欲修序彝倫明忠列孝慈之先意在敬事君父縱稱至德唯是安上治民假令要道不出移風變俗自衞反魯詎述解脱之言六府九疇未宜究竟之旨及養生齊物之談龍圖鳳紀之説亦可懷仁抱信遵厲鄉之志删經讚象肆闕里之文次曰九流未云七略案前漢藝文志所紀衆書一万三千二百六十九卷莫不功在近益但未暢遠途皆自局於一生之内非迴拔於三世之表者矣遂使當現因果理涉旦而

猶昏業報吉凶義經丘而未曉故知逍遥一
部猶迷有有之情道德二篇未入空空之境
斯乃六合之寰塊五常之俗謩詎免四流浩
汗爲煩惱之場六趣諠譁造塵勞之業也原
夫實相杳冥逾要道之要法身凝寂出玄之
又玄惟我大師體斯妙覺二邊頓遣万德俱
融不諠不寂安能以境智求非爽非昧胡可
以形名取爲小則小也而無内處大則大也而無
外故能量法界而興悲揆虚空而立誓所以
見生穢土誕聖王宫示金色之身吐玉毫之
相布慈雲於鷲嶺則火宅燄銷扇慧風於雞
峯則幽途霧卷行則金蓮捧足坐則寶座承

軀出則帝釋居前入則梵王從後左輔密迹以滅惡爲功右弼金剛以長善爲務聲聞菩薩儼若侍臣八部萬靈森然翊衛演涅槃則地現六動說般若則天雨四華百福莊嚴狀滿月之臨滄海千光照曜猶聚日之映寶山師子一吼則外道摧鋒法鼓暫鳴則天魔讋

首是故号佛爲法王也豈得與衰周迦葉比德爭衡末世儒童輒相聯類者矣是以天上天下獨稱調御之尊三千大千咸仰慈悲之澤然而理深趣遠假筌蹄而後悟教門善巧憑師友而方通統其教也八萬四千之藏二諦十地之文祇園鹿苑之談海殿龍宮之旨

玉諜金書之字七處八會之言莫不垂至道
於百王扇玄風於萬古如語實語不思議也
近則安國利民遠則超凡證聖故能形遍六
道教滿十方實爲世界福田蓋是蒼生歸處
於時敬信之侶猶七曜之環北辰受化之徒
如萬川之投巨海考其神變功業利益人天
故無得而名也既滿恒沙之因故得常樂之
果善矣哉不可測也但以時運未融遂令梵
漢殊感所以西方先音形之奉東國暫見聞
之益及慈雲卷潤慧日收光洒夢金人於永
平之年覩舍利於赤烏之歲於是漢魏齊梁
之政像教敦興燕秦晉宋已來名僧間出或

盡滿月於清臺之側表相輪於雍門之外遠
河比翻辭漢南著録道興三輔信洽九州跨
江左而彌殷歷金陵而轉盛渭水備逍遥之
苑廬岳揔般若之臺深文奥旨發越來儀碩
學高僧蟬聯遠至曁梁武之世三教連衡三
乘並騖雖居紫極情契汾陽屏酒肉而撤饔
人薫戒香而味法喜恐四流而難拔竆以七
辯能持乃輕衮飾而御染衣捨雕輦而敷草
座於時廣創慧臺之業大啓寳塔之基梁記
云東臺西府在位八十餘年都邑大寺七百
餘所僧尼講衆常有万人討論内典共遵聖
業孜孜無倦各猷世榮也遂令五都豪族猷

羿冕而歸依四海名家棄榮華而入道自皇
王所居之土聲教所覃之域莫不頂禮迴向
五體歸依利物之深其來久矣孔老垂化安
能與京案三十六國春秋高僧名僧年子等
紀傳始後漢永平十年已來佛法東流政經
十代年將六百名僧大德世所尊敬者凡二
百五十七人傍出附見者及燕趙王公齊梁
卿相等凡二百五十一人陳其行業大開十
例一曰譯經二曰義解三曰神異四曰習禪
五曰明律六曰遺身七曰誦經八曰興福九
曰經師十曰唱道此例高僧皆德効四依功
備三業法傳震旦寔所賴焉邪見隱而不論

但說五三惡者夫雪山之內本多甘露亦有毒草大海之中既有明珠亦饒羅剎喻崑岳鈌於片石鄧林損其一枝耳復何可怪之哉

廣弘明集卷第十一　亦

傅弈二字音付亦　箴音針誡也　法琳下音林　羲農上興宜反三皇中伏羲神農二帝也　軒頊下許玉反五帝中軒轅顓頊二帝也　諷刺上方鳳反下七賜反議毀之見　湯姬下居宜反周之姓也虞夏丨丨堯後四代帝号也　沿草上音緣　擊壤下汝養反土也　殉命上詞閏反丨以命從物也　報讎下音酬　痾音阿病也　羽翊下音翼　州吁下兄于反　夏桀下桀列反謚日賊仁多累日桀　殷紂下直九反謚日縱賊害人日紂　羿浞上音諧古之善射人名下助角反　荊山上音京　鼎上上音頂黃帝昇龍之處也　緱氏

上古侯反縣名傅毅上音付下魚既反夷虜下音魯逬竄下麁筭反
藏|也叛君上音畔背也峙立上直里反搢紳二字音進身以笏揷
帶也今之士大夫皆曰||也禿丁上他谷反謂僧曰||蛙歌上烏爪反
蝦蟇也或作哇淫歌也鮑肆上蒲夘反||魚市也撞直江反擊也又直降
反財賄下乎每反秔粱上音庚亦作粳下音良粟也剥削上必角反
下息約反開闔下胡塔反閇也屯否上知倫反下皮美反黔黎上巨兼反

||黑首民也閱覽上音悦視也庖犧上步交反|厨
也下興宜反|牲也伏羲皇敎人熟食也桑梓下音子||木名也今云故里曰|
|輸租上式朱反|納也下子姑反|稅也元淑下音孰萋斌上音
薑下彼巾反誣罔上音無正作誣諷謗也慘黷上七
感反下音讀上正作黲||黒暗皃原燎下力照反||火燒原野也平壘
下倫水反軍中壁也烽燧二字音峯遂晝則燒煙夜則舉火以為遠號也謦音景

覺也羽檄下胡的反書牘也告急則以羽揷之刀斗上音彫丨丨銅盤之屬軍
中夜擊以警策如莾下母朗反草丨聊生上郎彫反控告上苦貢反昊
天上胡道反華戎下而弓反謂中華邊戎也胥悅上息徐反相也佞音年
肇也荇葦下羽鬼反德及草木也詩云敦彼行葦牛羊勿踐履施洽上去聲
惠也下侯夾反沾也九疇下直流反尚書有九疇篇繁不具載劭市照反蹈
之上音盜無辜下音孤握圖上於角反蹕踊上正作毗亦反搟下

音勇以手撫心曰搟以足頓地曰踊很弈上胡懇反頑也下亦宇溢夷一反盈
抑音憶制丨也挫則卧反摧丨也嚭疋美反人名大駭下胡賣反驚也
匿尼力反隱丨也謗讟下音讀丨亦謗也軾閭上音識車前橫木也下九
居反丨里也魏文侯過段干木之閭里去軾而敬之虐政上魚却反酷暴也祚
才故反福丨也丹款下甚管反誠丨天挺下亭頂反岐嶷上渠移反下宜
力反幼而有識曰丨丨阿衡下戶庚反阿倚也衡平也伊尹佐湯有丨丨之稱

百撥下求癸反下百官也褰帷上去乹反荀卿上息旬反赫胥上詩
客反下息徐反尊盧赫胥皆古帝也開闢下眠益反丨亦開也狂敦下蒲没反
丨惡也殞絕上羽敏反死也髮膚下音夫矯誑上居小反詐也
滑稽上音骨下音鷄丨丨辯捷不窮之狀旃孟上之然反奢
侈下昌尒反鶴鳴上胡各反費方未反丨耗也遏截上於葛反丨丨止住
也泛漲上芳犯反下知向反丨丨水大皃鐫石上子全反刻也天祠
下音詞丨廟也穆王上音目以攘下而章反除也白虹下音紅陰氣也
扈多上音戶毛臊下蘇刀反土梟下古堯反驢騾下郎
和反妖魅下眉二反篡逆上初患反奪也龕塔上苦含反課立上苦
過反女媧下音瓜女皇也仲衍下音演西羌下苦良反丨夷簡狄
下徒的反偰伯上音薛殷祖也僻陋上疋亦反牧母上音目蕟音發
庸賤上音容凡丨也僉曰上七廉反皆也祖祢下乃禮反斯計下正

作赴
戎虜 下音曾
太昊 下胡道反
蚩尤 上尺之反
坂泉 上音板
涿鹿 上音卓地名
顓頊 上音專下許玉反
彭蠡 下音禮湖名
汲冢 上音急下知勇反
鑠石 上詩若反日氣盛毒也
繳 音酌絲繫矢而射也
戮封豕 上音六殺也下式旨反封豕害人獸也
九癭 於郢反頭瘤疾也
汹水 上兄拱反
滔天 上音叨
昬墊 下音店昬霧也墊溺也
妹嬉 上音末下許之反夏桀之后也
妲己 上丁達反殷紂之后也
五虐 下魚却反酷丨也五虐謂斷頭割耳截鼻刖手足也
剖 疋口反丨破開也
刳 音枯開其腹也
漂杵 上疋苗反又疋妙反下昌吕反春具也尚書云血流漂杵謂殺人多也
獫狁 二音險尹北狄也
採薇 下音微野菜也
採芑 下音起亦云苦苣菜
兵戈 下古和反
謬矣 上苗幼反
譜 音補載識往事也
迄 許訖反至也
汧渭 二音牽謂二水名也
赧王 上女板反周代末主
僣号 上子念反
玠 音芥
不肖 下音笑不肖謂不似也
母嚚 下音銀頑丨也

嗣音寺繼也遽其預反速也羿篡上音詣同前下初恚反奪也浞助角反
姓寒名丨篡羿位睾皐音高下正煥燠音喚菲食上芳尾反菜食也又
薄也綈衣上音啼厚繒深綠色溝洫上古侯反下兄域反洫亦溝也斟尋
上音針[同+阝]宮上音同地名釁許近反禍也僖王許之反彰王
音靜悼王音盜謚法上音示披猖下齒良反徙斯綺反移
也殤帝上音傷子嬰下一盈反非嫡下音的正也滕東上音
交滕河之東登州也霍光上兄郭反麒麟二音其隣瑞獸也似鹿一角入
囿下音右養畜之苑曰丨栖桐上音西丨止也下音同梧丨也臻側巾反至
也沕滑上音密下于筆反正作汨勿汩水淶之皃磅礴上普耕反下音薄石
也拓跋上音託下蒲末反丨丨複姓也陽玢下彼巾反小宛下烏園反
國名肇音趙始初也費房未反姓也嵐毗上郎含反右脇下虛業反
星隕下羽敏反墜也杜氏上徒戶反創撰上初狀反新丨爇除上而

雪反燒也悼矣上音盗傷丨也驊騮上戶瓜反下音留周穆王馬色如花而赤
日丨丨也高麗下音離東戎國名鑿音昨雋異上子閏反丨丨才智之稱
也逮手上音代丨及也百祀下音似年也豎子上音樹童子也
犲心上音柴丨狼也蠆毒上丑芥反悛七全反丨改也忖度上七本反
下徒各反尺鷃下音晏小雀也大鵬下音朋一飛九万里六月一息也井
蛙下烏瓜反井中蝦蟇也闡提上昌演反西土謂不信佛法人曰丨丨憪
之上音敏傷憂皃李聃下土甘反老子名也九壤下汝兩反幽丨砧
鎚上知林反下直追反虧損上苦為反亦作戲圭弼下皮
必反桓魋上惠官反下徒回反應聘下疋併反朝問也篡弑上初患反
奪也下音試殺也宛俛上紆阮反下音免丨丨強為也逡巡上七旬反匏
瓜上步交反正作匏孔曰吾豈匏瓜焉能繫而不實返袂下弥祭反衣袖也
盜跖下音隻古之賊人也訥奴骨反出言謇澁也妖孽下魚列反正作孼

挾[胡帖反] 督義[上音篤] 鶴鳴[上胡各反] 係師[上音計] 鉅
鹿[上音巨] 兗豫[上以淺反下音預二州名並九州之數也] 訛
言[上愚和反] 朱粲[下七案反] 彝倫[上音夷常也] 寰塊[上音還｜宇也
下頃對反土也] 謩[莫胡反] 諠譁[上音諠下音花閙也] 杳冥[上煙曉反｜｜
深遠之皃也] 凝寂[上魚陵反] 森然[上音蔘] 翊衛[上音翼輔｜也] 聯
類[上音連] 筌蹄[上七全反] 玉諜[下音牒] 迺[乃字] 敦興[上蒲没反]
雍門[上紆用反] 跨[俱化反｜越] 暨[其器反及也] 鶩[音務馳｜] 汾陽
[上音焚] 屏酒[上音餅除｜也] 撤饔[上直列反去也下紆容反肉食也] 袞
飾[上古本反玄衣也] 孜孜[音茲｜｜不息之意也] 冠冕[下音免] 覃
[徒南反及也]

廣弘明集

才十二

四百七十七

亦二

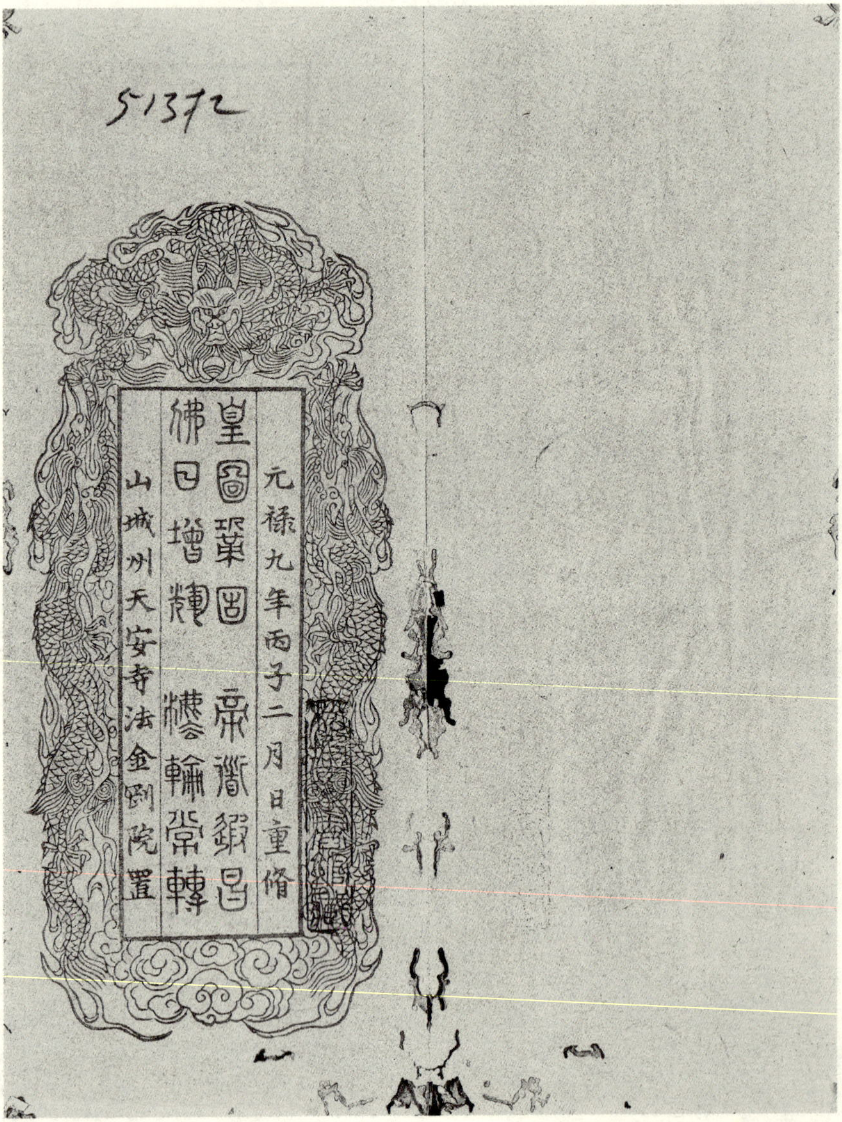
51372
元祿九年丙子二月日重脩
皇圖鞏固　帝道遐昌
佛日增輝　法輪常轉
山城州天安寺法金剛院置

廣弘明集卷第十二　亦

大唐西明寺釋　道宣　撰

辯惑篇第二之八

決對傅奕廢佛法僧事　并表

綿州震響寺沙門釋明槩

僧明槩言槩聞三皇統天五帝御寓道含弘而遠大德普覆而平均敷善教以訓民布慈心而育物逮乎中古其道弗虧故漢武欽明見善而弗及顯宗睿哲體道而弗居遂能紆屈尊儀甘泉禮金人之瑞翹想夢寐德陽降銅像之徵於是秦景西遊越流沙而訪道摩騰東入跨葱嶺而傳眞遂得化漸漢朝寺興

白馬之号道流晉世剎建青龍之名其間盛
寫尊儀競崇寺塔騰慧雲於落仞涌法水於
窮源騐有識於福林登蒼生於善地開闡佛
法昭化愚矇故得永平季年嘉瑞臻集慶雲
流潤湛露凝甘澤馬騰驤神雀翔集朱英吐
含穎之秀紫葩生連理之枝可謂不世之奇
徵非常之嘉瑞者也於是西域入侍南越歸
仁偃革休兵銷金罷刃豈不由感聖降靈奉
戒行善精誠昭著貫達幽明者哉故書云天
生神物以祚聖人無德斯隱有道則見著之
惇史可得而詳惟我
大唐膺期啓運握機御曆誕命建家初起義

則道叶百靈始登圖則威加萬國故世充化
及授首於東都建德武周櫬身於北朔荆吴
剋定秦隴廓清方應駕七寶而飛行導千輪
而輕舉巍巍弗與蕩蕩誰名功既成焉事亦
畢矣加以留心佛法眷言匡護故莊嚴揔持
冄興九級沙門釋子更度千人像化弥盛於
前朝寺塔更興於聖世方頂戴三寶弘護四
依合掌低頭忘帝王之貴歛心屈膝盡至敬
之誠槃自慶遭逢屬此嘉運方願息心淨刹
畢志玄門懔厲六時以酬聖世之德翹勤五
體用報罔極之恩而奕忽肆狂言上聞朝聽
輕辭褻聖利口謗賢出語醜於梟音發聲毒

於鳬響專欲破滅佛法毀廢衆僧割斷衣粮減省寺塔其故何也奕曾爲道士惡妬居懷故毀聖劣凡讚愚勝智以下誇上用短加長違理悖情一至於此但讒言害德偏聽傷賢故宋受子罕之言囚於墨翟魯信季孫之說遂於尼丘二子之賢弗能自免入條之謗或累於人然　主上欽明弗容讒慝縱其三至寧致一疑但浮雲在天白日有時虧照遊翳拂曰陽精爲之不明而傅奕浮辭迷於視聽情理眩惑言語混淆弗可專聽豈應偏信請共決對存毀分甘槩黍在緇徒預忝法侶忽聞誹謗寧不深傷縱廻刃剉心未以爲痛抽

刀斮髓詛以爲殘謗讟之深傷酷甚此經云
亡身護法沒命弘道此其時也方抽腸瀝膽
報邪逆之仇雖申表獻誠雪師父之謗辱冒
昧忏聽追用驚惶謹言
謹奏決破傅奕謗佛毀僧事八條列之如左
第一決破僧尼六十已還簡令作丁兵強農
勸事
槩聞至理絶言本出毀譽之外玄
宗離說寔超語默之端然物情不悟寄言深
淺世道多惑假示精麁故有內外道殊邪正
說異凡聖位別大小教分若以同會一乘豈
執之以謗佛終趣極果不封之以謬眞譬千
川之赴滄溟萬流之歸巨海內外明證豈虛

言哉故法華言於諸過去佛現在或滅度若有聞法者無一不成佛又涅槃經言一切衆生皆有佛性究竟皆當成得佛道又道家法輪云若見沙門思念無量願早出身以習佛眞若見佛圖思念無量當願一切普入法門又靈寶洞玄眞一經云衆眞高仙已得佛道又靈寶太上秘要經云各於現在同得佛道故知不二妙門終須齊入唯一極果要必同登苟執異端自貽迷墜近代學者率意庸愚偷竊眞言安置僞典故五道輪轉託作仙經三千威儀假稱道戒諂佛受法改作天尊勤行作佛轉爲金闕夲行迴爲夲相佛言題作

道言横託佛法之威儀倣習衆僧之法式或持眞當僞詎識是非飜正入邪豈知顛倒事同癡賊竊狐裘而反彼有類愚夫盜珠瓔而倒著如斯條類數亦衆多略舉二三不可覶縷但傅奕曾爲道士身服黄衣不遵李老無爲之風專行張陵兵吏之法或身爲米賊聚歛無端名稱鬼卒呪咀寧忌湯沐梳櫛與俗旣同躭荒愛慾將世何別加以内懷嫉意外肆狂言誹謗紛紜罵詈重疊此而可忍孰不可容今依事條次第決破願垂聖鑒少詳覽焉奕言衆僧剃髮染衣不謁帝王違離父母非忠孝者今之道士戴幘冠巾應拜時君在

家侍養爲忠孝不令既不然豈獨偏責夫論忠者事君以盡命徇義以忘身孝者奉親竭誠存没以資濟故道安直諫以輔秦佛圖忠言以匡趙目連捧鉢而飼母釋迦擔棺而葬親寧國濟家豈非忠孝也不如道士張曾亂於漢朝孫恩叉於晉國陳瑞習道而夷族公旗學仙而滅門亂國破家豈有忠孝也

又言衆僧仇疋內通衣形外隔天胎殺子違禮逆天者今道士既含氣修齋交接受道應護胎生子順禮合天此則伉儷久成陰陽牟合而無產孕真是天胎宜簡令作民使其養子增加户口添足兵丁豈非益國利民者乎

又言僧有十萬六十已還簡令作丁則兵強
農勸者夫論兵強者尋衆僧之類稟如來之
教食唯米麵之素供唯芋蒻之質體瘠力羸
心虛氣弱不折生草詎踐蝖虫習忍修慈好
生惡殺對敵多怯下手必疑徒勞行陣無益
兵勢也如論道士人足數萬祭三事五受禁
行符章奏必宰雞肫祭醮要求酒脯臠膾醑
醪恣其醉飽體肥力壯心勇氣強安忍無親
惡生好殺臨陣必勇下手不疑列以軍伍決
強兵勢若挍其力則道士強論其德衆僧勝
去取之宜斷可知矣若言躬耕力作以爲農
勸者此由局見未是通途夫俗不可以一禮

齊政不可以一道治士不可以一行取民不可以一業成故漢書貨殖部云古之四民不得雜處士相與言仁義於閑宴工相與議伎巧於官府商相與語財利於市井農相與議稼穡於田野此四者各安其居而樂其業故得財成天地之宜用資國家之利今者衆僧亦各有業論其内以慈忍推心即是士之仁義語其外權巧化物即是工之伎能談其行以施報相酬即是商之市井語其道以自他兼濟即是農之力田此則克誠可以感鬼神唯德能以動天地運慈心以降澤布恩惠以潤時故善政者驟雨隨車飛蝗避境隴麥雙

穡成禾九栽蓋由善政之功匪唯懃農之力者矣
又言欲令衆僧拜謁帝王編於朝典者此之
一見迷倒最深既自落坑引他墜井欲令同
陷其可得乎昔桓玄篡逆狂教無道已有此
論朝議不從云沙門釋子剃髮染衣許其方
外之人不拘域中之禮故袈裟偏袒非朝宗
之服鉢盂錫杖豈廊廟之器而玄悖逆固執
不悛既屈辱三尊飄蕩七廟民怨神怒衆叛
親離軍敗於東陵身喪於西浦覆車明鑒孰
不誡哉我大唐皇帝命聖挻生應休明之期
當會昌之運止塗息炭拔溺濟沉弘聖教以
訓民垂至仁以育物年和歲稔氣阜時昌至

德玄功疇能殫紀如以內懷四信外奉三尊屈乘輦而歸依降冕旒而迴向故得八方晢賴萬國朝風豈責離俗之人令備在家之禮令道士披褐執板戴幘冠巾旣服臣吏之衣須行朝謁之禮昔天師貴士尚拜帝王今鬼卒賤夫須跪鄉相宜令道士習其師法朝謁帝王參拜官長編於朝典不亦宜乎

論言案漢魏已來時經九代其間道士左道亂朝妖言犯國者披閱圖史何世而無後漢獻帝張陵張魯詐說鬼語假作讖書去漢祚滅後黃衣得天下遂與鉅鹿張角遠爲外應造黃巾披黃帔聚合徒衆誑誘愚民謀危社

稷尋被誅滅故禮云左道亂羣者殺之今者
道士不著李老叅朝之服乃披張魯亂國之
衣師弟相承賊行不改人數既多共結賊黨
或致窺覦寧不備預計數有五萬箇令作丁
年稅貲租歲產男女則利國益民強兵農勸
如槩愚見其如法者遵而奉之其違禁者廢
而使之庶莠稗一除田苗鬱茂姦邪既遣徒
衆肅清豈不善歟
第二決破寺作草堂土舍則秦皇漢武爲有
德之君者
槩聞法身無像應物有方故假現全身置于
多寶之塔權分碎質流乎阿育之龕故能聚

散隨緣存亡任物聖力權變不可思議但佛生天竺隨其土風瘞必闍維收必起塔塔即是廟廟者貌也祭祀承事如貌存焉今之國家宗廟社稷類皆然也但如來滅度一百年後有阿輸伽王鐵輪御世以威德使鬼神修福力興靈廟故八萬四千之塔不日而成千柱百梁之堂匪朝而就詎勞人力自是神功豈以凡夫之情而疑聖賢之事何異斗筲測大海尺寸量虛空其可得乎舍利東流吳王創感僧會誓請丹誠至而忽臨孫權驗試砧磓陷而彌固於是騰光上徹照灼斧扆之間發彩傍通鑾輿映巖廊之下會時欣躍廣讚威

靈要及朝臣聞皆信伏即爲建塔并置伽藍緣是江左大弘佛事豈若太上骨朽於關中別無舍利天師體瘞於虵腹詎有遺身靡所依憑便生妖詐聞佛有舍利八斛用表遺身遂畜小石二枚以代仙卵然仙卵本狂豕之陰玄壇乃老鬼之廟若言舍利胡骨理勝狂豕之陰佛圖胡塚寧同老鬼之廟豈可以高下相況等級寄言故令道士見舍利如眼梗詎肯歸依覩浮圖若心刺專謀破毀徒懷邪惡其可得乎歷代已來爲帝王者並夙種善根多懷正信傾珍造塔撤寶崇眞皆欲伸其追遠之誠致其如在之敬故繕興九級備盡

莊嚴式構百粱窮其壯麗致使貧人捧篔則
梵宮立成長者絣繩天堂即現因果之道斯
理晈然闇識之徒弗能悟矣
論言案仁王經世間帝王有其五種一粟散
王威德最劣二鐵輪王治閻浮提三銅輪王
兼二天下四銀輪王化三天下五金輪王統
四天下此之五王論其位上下不同語其德
勝劣有異推秦皇漢武閻浮提内唯王震旦
五種王中粟散王也斯乃德劣而居勝殿位
卑而處高臺不以恩惠感人專以鞭撻使物
致神祇憤責民庶呼嗟故史官貶之以爲無
道又身没之後盛造墳陵費損万金勞役百

姓於是骨肉消散靈影滅無年代寂寥威福何在我釋迦應世德位獨高道冠百靈神超万億聖中極聖德過千聖之前王中法王位居百王之上豈伊秦皇漢武而校其優劣者哉佛則德高而居勝殿位極而處高臺唯以德化感人不用鞭撻使物自有帝王喜捨靈神影助滅度之後爲興塔廟舍利不滅威靈尚存毀之立見惡徵破之眼看致禍故吳主孫晧耆淫苛虐不忌罪福言無報應掘得銅像令置廁前至四月八日小便像頭云今八日以灌尒頂須臾之間即患陰痛苦毒難堪太史占之云犯大神遍禱靈祇都無降異後聞

說佛方乃驚惶自慨前過即遣迎像香湯沐
浴叩頭謝過應聲即愈緣是生信戒懼終身
又宋臣謝晦身臨荆州城内有五層寺寺有
舍利塔晦性凶勃先無誠信云寺塔不宜禍
城令毁而出之於是自領軍士直至塔前衆
皆戰慄莫敢舉手晦遂嚴鼓駈逼軍人撞擊
龕門破斫尊像俄而雲霧闇地風塵漲天晦
及軍人身蒙灰土以手拭之皮肉隨落遂成
惡疾遍身癩瘡不久叛逆尋被誅滅此事並
如宋宣驗記說略依記傳跡此事條示諸未
悟曉其心目耳如槃愚見釋迦應世物共尊
祟在昔之時已有寺塔今之造者請而存之

李老棄世止尚虛無在世之時全無館舍今
之奢競請宜省之
第三決破諸州及縣減省寺塔則民安國治
者槩聞在昔明王恭己南面智擬天地不自
慮也辯雕万物不自說也何則勞於求士逸
於駈使之任役得其人天下自治故訪道宣
室思政明堂揆務分司沿方授職八愷並列
十亂當朝用能保乂國家剋寧社稷於是弘
慈悲之化緩賦而恤貧行至仁之教省刑而
慎獄敷德澤遠至而迩安定成功制禮而作
樂斯爲至治可得而稱故書云治國以安民
爲基安民以良吏爲本若得其人則國安非

其人則民亂故知忠臣良吏可以治國安民者也然須崇善建福樹果修因敬事神明承奉靈廟豈可毀塔廢廟併寺逐僧靈祇爲徵禍福須愼而奕凶勃專肆狂言聖朝明鑒理無致惑　論言竊見摽樹爲社立塼石以稱君累土成壇束茅纂而爲飾至於急危求請徵有威靈雨旱祈誠片致恩福況佛神儀巍介靈相儼然而欲輕毀其可得也自漢明感夢寺興白馬之名孫權驗瑞塔始建初之号自斯厥後相係而興向若神道泯無帝王豈應敬事威靈歇滅國王寧復遵承並以目驗身臨故使歸依迴向未若道家都無承據李

老事周之日未有玄壇張陵謀漢之晨方興
觀舍故後漢順帝中有沛人張陵客遊蜀土
聞古老相傳云昔漢高祖應二十四氣祭二
十四山遠王有天下陵不度德遂搆此謀殺
牛祭祀二十四所置以土壇戴以草屋稱二
十四治治館之興始乎此也二十三所於蜀
地尹喜一所在於咸陽於是誑誘愚民招合
凶黨斂租稅求米謀爲亂階時被蚰吞逆璺
茀作至孫張魯禍亂方興起於漢中爲曹操
誅滅自尒迄今群孽相係依託治館恒作妖
邪故漢順帝中平元年鉅鹿人張角自稱黃
天部師有三十六將皆著黃布巾遠與張魯

相應衆至十万焚燒鄴城漢遣何南尹何進將兵討滅又晉武帝咸寧二年爲道士陳瑞以左道惑衆自号天師徒附數千積有歲月爲益州刺史王濬誅滅又晉文帝太和元年彭城道士盧悚自号大道祭酒以邪術惑衆聚合徒黨向晨攻廣漢門云迎海西公殿中桓秘等覺知與戰尋並誅斬又梁武帝大同五年道士袁矜妖言惑衆行禁步崗官軍收掩尋被戮滅至隋開皇十年綿州昌隆縣道士蒲童與左童二人在崩漢館自稱得聖誑惑人民重床至屋却坐其上云十五童女方堪受法令女登床以幕圍繞遂便姦匿如此

經月計所姦女出數百人後事發覺因遂逃亡又開皇十八年益州道士韓朗綿州道士黃儒林扇惑蜀王令興惡逆去欲建大事須藉勝緣遂教蜀王傾倉竭庫造千尺道像建千日大齋畫先帝形反縛頭手呪而厭之河北公趙仲卿檢察得實送身京省被問伏罪

出市被刑今大唐革命妖惑尚興以去武德三年綿州昌隆縣民李望先事黃老恒作妖邪去大業季年有道士蒲子眞微閑道術被送東京至梁漢身死因瘞在彼而李望矯假云子眞近還又彼縣山側有一石室巖穴幽闇人莫敢窺望乃依憑以作妖詐在明則張

喉大語領納通傳入闇則噎氣小聲詐説禍
福遂令正直檀越幾致迴向邪曲愚夫理宜
尋信道士傳説達縣閬州官人初檢並皆信
受後刺史李大禮云此事非輕必須申奏要
假親驗方定是非遂與閬州官人并道士等
一百餘騎同乘鞍馬競飾衣巾多料祭盤倍
科醮物酒脯雜味任彼所須同至窟前再拜
祈請望時詐荅聞者傾心唯巴西縣令樂世
質深達機情知其誑詐入闇密候見望咽聲
質時呵之望即款伏收禁州獄方欲科罪未
經數日服藥而終纂緬尋圖史博究古今記
傳所聞眼目所見左道亂政世有其人略出五

三以爲鑒誡願垂照覽宜簡除之如槩愚見
若行李老清虛之道依而存之若習張陵雜
穢之法糺而廢之此則蕩彼妖邪去其殘賊
可謂止暴息亂豈非治國安民者乎
第四決破僧尼衣布省齋則蠶無橫死貧人
不飢槩聞稟和合之氣成虛假之身外命所
須藉衣食以資養内報所恃依形神以存立
形神不可孤立藉衣食以資之衣食不可過
費行廉耻以節之故遺教經云比丘受食趣
得支身又言著壞色衣以捨飾好斯爲明訓
孰不遵行但如來制戒對根不同人有上下
制有寬急上則制之以急使其頓修下則授

之以寬令其漸進上制急者日唯一食食止
菜蔬身止三衣衣唯糞掃下制寬者食許兩
時味適蘇乳衣開十長服許繒綿或有老病
之僧身兼凍餒況痾之士體困飢寒須給其
衣裘資其藥石此則上根不假衆具自尒證
眞下輩要藉資緣方得悟道欲令一准其可
得乎若節僧尼衣布省齋濟貧活蠶者計
僧尼一齋止飡一鉢一著唯衣數縑而言損
田夫十口殺蠶十方者計道士一醮酒脯百
盤一年命綾千疋應損千軍之食殺萬億之
蠶而弃知道士損多揚癡不計僧尼費少子
細偏論此全黨言君子弗聽如槩愚見宜斷

道士醮祭及以命綾此則有益於國家不損於民物若縱而不禁損國害民聖上欽明寧不鑒照

論言尋道士盟經先受十戒次八十戒後一百八十戒及三百大戒乃至坐起卧息三千威儀皆去秘要不妄授人尋靈寶智慧上品十戒創首即言不色不欲心無放蕩又消魔智慧經言見人妻子願出愛獄道士稟承理應遵用而建首不行專事違犯何者戴巾執板似欲依經而畜婦養兒還成破戒此則公行色欲竟不知慚故違經戒寧應有愧何異雞雀對戶交欲而無著狗豕當衢行婬而無

恥多飲醎水忘失思微縱恣六情違犯十戒
初之一戒既破不持後之三千理廢無用符
録科禁何所施行又依老子金丹之經眞人
内朝之律朔望之際侍師私房情意相親男
女交接使四目二鼻上下相當兩口兩舌彼
此相對陰陽既接精氣遂通此則夫婦之禮

成男女道合以斯修道道不可修以此出家
家寧可出顛倒迷惑何其甚哉又言佛是黠
兒理豐智慧觀音戲伎實足權奇不同祭酒
亂朝癡無智慧天師쬭蟄詎有神通夫免禁
釋囚諸佛大慈拔苦除害觀音至行祈恩自
施非詐誘而覓財報德出心豈迫憎而取物

若觀音慈悲拔獄即是該因天師行禁殺怨
應爲斬士然佛覩善則勸聞惡則憐慈悲平
等怨親無二老子亦言其善者吾亦善之其
不善者吾亦善之不如天師事五將三神四
司九府受呪咀之法行禁厭之符怨者令顛
狂失心憎者使驚怖失命此眞世俗之惡神
人間之殺鬼也如槃愚見今時道士塗炭合
氣禁呪章符此並非李老正言乃是張陵邪
法妖惑誑詐損國害民請宜禁斷息其邪僞
也第五使破斷僧尼賑貯則百姓豐滿將士
皆富槃聞八大覺行以少欲標先五比丘名
以乞士爲最故少欲省事無復經營之憂乞

士任緣寧有藏積之累老子云多藏必亡又周
禮云積而能散積而能散則行合檀那多藏必
亡言符聖旨尋老子行無爲之道專任清虛
修寂靜之心弗營世務然今道士都不遵承
故二錄大齋三元慶會招合愚黨誘誑迷徒
設厨食以邀賓置酒鮭以待客遂使監齋分
肉事等庖丁觀主典鮭還如屠士肉須乾腊
雜血便吞酒使清醇半糟即歠饕餮難滿縱
恣無猒加以多料紬綾以爲命縷廣科黍麥
持作道租傍此興生積聚盈庫因斯番轉居
貯連倉溪壑之心寧知滿極至於高門仕族
判不歸從下姓田夫偏來湊集非是崇其道

法直爲貪其酒鮭猥雜繁多弗可殫述加以徒衆卑末人品凡庸故出家沙門多是貴勝在觀道士例是卑微故梁武帝登祚之後施身入寺供養衆僧隋帝之時秦孝王兒捨位出家修行佛法未曾聞一帝王施身入觀未曾見一王子出家事道自餘高門士族貴勝豪家或有夫婦相辭俱時離俗男女相勸同共出家目見耳聞何待言說若言斷僧尼賂貯令軍民富足者夫論貧富皆是業緣貴賤並關運命愚智不可易處姸醜弗可換身故經云果報好惡定之於業書云命相吉凶懸之於天以此言之軍民業貧者與之而弗得

必其相富者任置而恒豊故漢文帝以夢而寵鄧通相者占通貧而餓死帝曰能富在我何謂貧乎與之銅山專任冶鑄後遭事逃避餓死人家又寧稾離王侍婢有娠相者占之貴而當王王曰非我之胤便欲殺之婢曰氣從天來故我有娠及子之産王謂不祥捐圂則猪嘘弃欄則馬乳而得不死卒爲夫餘之王故知業緣命運定於冥兆終然不虧弗可與奪也論言案經所明業果不謬作善得福爲惡受殃斯理皎然如何致惑今君引經據理弥益其深迷且依書指事以開其淺識何者昔武丁之時亳有桑穀共生于朝太史占

曰野草生朝朝其亡矣武丁恐懼側身修善
桑穀枯死殷道中興豈非爲善而有福也又
帝辛之時有雀生烏在城之隅太史占曰以
小生大國家必昌帝辛驕暴不修善政殷國
遂亡豈非爲惡之有殃也如弈所言將生時
之實貨買死後之虛名意謂生時布施死後
無報愚闇之甚矣可與言眼見春時種殖空
竭倉儲秋收冬藏充牣府庫故施有來報感
胎疊之與掌錢德必現酬致銜珠之與負鹿
此並經籍明證何可致疑又言禮佛不得尊
豪設齋不得富貴者尋國家太廟先皇之靈
百神陪侍万民恃賴至尊拜跪故得居大位

而處尊名臣吏鞠躬荷寵靈而享富貴況佛
法王威神高遠德過千聖道冠百靈禮拜祈
誠理當富貴歸依懇至必致尊豪昔人一瓢
以濟餧夫尚得扶輪相報今一齋以供大聖
寧無福禄相酬科類而言理無致惑如槃所
見賜貯有二一則是衆佛已先聽二則是私
如來久制此開衆禁私大聖明訓宜令道士
習此成規禁私開衆漸學佛法故春秋云齊
桓公問禮於左師與子產左師曰夫禮者天
之經地之義民之行也大國用之小國習之
今道習於佛類同此也
第六徒破帝王無佛則大治年長有佛則虐

政祚短槩聞中國者三千日月萬萬三千天
地之中央也故有輪王迭出聖主繼興御七
寶而王四天行十善而被万國開平等之化
和怨以睦親扇慈悲之風勝殘而去殺故得
不威不怒物以之行不役不勞民以之治自
大劫將邁淳風漸澆至德云衰正氣斯殄於
是五濁鼎沸三灾競起十六大國各擅尊名
八十聚落咸據封域競尋戈劍爭事廢興彼
此貪殘更相屠害故釋迦愍斯塗炭哀其沉
溺陳經教勸善以誘賢制戒律禁惡以懲罪
皆令息妄歸眞還源返本比乎中原之地上
古之初世朴時淳書契未作民澆俗僞典籍

方興故周公不出於上皇孔子唯生於下代制禮作樂導俗訓民致治興風匡時救弊皆欲令止澆息競返素還淳比於釋迦其揆一也若見言帝王未有佛法之前則大治年長有佛法之後則虐政祚短不得事佛像不得讀佛經者科類而言帝王未有周孔之前則大治年長有周孔之後則虐政祚短亦不得祭周孔神行周孔教理豈然乎但無佛無法人不知遠惡以修善無禮無敎世不識事君以養親以此而推禮教不可一日而虧佛法豈得暫時而廢也

論言尋弈所引自後漢光武巳前無佛法則

祚父長年子必嗣父臣不篡君從漢明已後爲有佛法子弗嗣父臣多篡君驗弈此言知其庸闇雖引圖史弗究始終緬尋上代已來爲帝王者或一身而絶或累世而亡如帝摯少昊治政繁雜九黎作亂其嗣不肖一世即亡帝摯亦無正嗣治不滿朞一身而滅自後唐堯虞舜子皆不肖一身絶滅夏桀殷紂並皆暴虐爲臣所誅其間或爲臣而篡君如羿之與寒浞或爲弟而奪兄如仲壬之與雍巳至乎周世子朝之逐敬王子廢父也暨乎秦室趙高之殺二世臣殺君也至前漢呂后亂朝王莽篡政此豈有佛法使之然也若言自漢

明已後迄乎蕭齊皆爲崇佛法虐政祚短至
於宇文既破滅佛法應善政祚長而弈盡蕭
齊則論至宇文不説非但誑惑民庶亦乃欺
罔聖朝以此而論事合繩劾但宇文篡魏而
立虐政無道君臣猜貳兄弟相誅陵蔑聖賢
毀破佛法治唯五主二十四年推此一條帝
王無佛法則虐政祚短有佛法則善政祚長
近代同知寧不信也但弈太史之官委任處
重須慎機密無得妄言故古者聖人當言而
懼發言而憂而弈不慮禍福專事妖邪或置
後引初或隱首露尾藏護道法謗毀佛僧唯
事偏辭竟無正語聖朝明鑒寧不察哉如槩

愚見帝王欲得祚久年長者必須興隆佛法樹善修功慈育群民勝殘去殺明死生之分守止足之心納忠諫之言遠佞諂之説如此則三十之期自遠七百之祚悠長故淮南子曰夫天下有貴而非位勢有壽而非千歲適情知足則貴矣明死生之分則壽矣

第七彼破封周孔之教送與西域而胡必不肯行用桀闡仲尼逝而微言絶弟子喪而大義乖自尒詩書紛然淆亂至秦皇焚滅典籍散亡漢武聿興文藝還闡至於處大庭之館居玄宮之室習無爲之道行不言之教以謙撝爲德畀弱爲心專任淸虛杜絶仁義務存

嘉遁委棄身名九流之中則道家之流也故
漢書藝文志云道流者蓋出於史官歷記成
敗古今之道有三十七家今之李老蓋一家
耳至於建康莊之第築碣石之宫闡儒學之
宗弘文藝之術興邦制治導俗訓民禮樂緝
修憲章攸序九流之内儒學之流也故漢書
藝文志云儒流者蓋出於司徒之官辨陰陽
明教化宗堯舜師仲尼有五十二家今儒學
所傳也九流之中二化爲最百家之内兩學
爲先用各有宜弗可廢也何者道法是虚無
之唱而違俗不可以救弊儒術乃教化之談
而順民可以導物考而言之非無優降尋李

老專任無爲止求自度心無廣濟行闕兼他
片同聲聞之自利也故清淨法行經云摩訶
迦葉化爲老子迦葉既是小心老子又無大
志法行之言信而非謬也孔子以術藝訓人
禮教齊俗少習利他漸學兼濟片同菩薩之
利他也故清淨法行經云儒童菩薩化作孔
丘儒童既是大心孔丘復有兼濟法行之說
理豈虛哉考乎李典爰及孔經教迹乃分理
致終一若言封周孔之教送與西域而胡必
不行弈意豈不云胡教來此漢人亦不得受
科類而言昇降懸矣尋佛是大聖化滿十方
逺降威靈漢明親覩君臣欣感民庶歸心故

遣使西行遠到天竺摩騰隨至傳化迄今周
孔少聖德局一方不能遠降威靈使彼親感
故西域之人無緣生信亦不遠此迎周孔之
經爲此禮教不行西土以此而推抑可知矣
論言尋辛卯夜明曾史傳其化迹丙子星敦
漢冊記其威靈然後像教西移法流東漸自
摩騰降漢創譯真言岌多入隋盛飜釋典滕
皮貝葉遠傳天竺之文玉牒金牋近飜震旦
之語尒來流演迄至于今從漢明已來時經
一十五代譯人一百九十有六所出經律記
論二千一百四十五部合有六千一百五十
二卷此並梵音所演天竺所傳論其龍龕經

厨十分而未盡鷲山法藏万倍而何窮今之所飜蓋少多耳考其帝代尋其圖史典誥明據奚可致疑緬尋道家所注經籍昔無今有眞少僞多如藝文志明於道流雖有三十七家七百九十三篇唯七家八十二篇明李老清虛自守之道自餘三十家七百一十一篇乃明帝王治化古今之道故後漢書法本内傳云漢明帝永平十四年正月一日朝正之次五岳十八觀諸山道士褚善信等六百九十人聞攝摩騰竺法蘭等將佛經像來到洛陽傾國敬崇率土歸向信等内懷惡嫉求欲校量盡將道家經書合三十七部七百四十

四卷當時對燒並皆焚燼善信等慚憤感激而死以此而推漢明之時道家經書只有三十七部七百四十四卷雖有多軸非盡道經唯五百九卷是天尊道君所說餘二百三十五卷乃黄老等諸子之書自介已來過此數者並是道士增加妄造不可承信爰至宋朝道士陸修靜答宋明帝云道家經書并藥方符圖揔有一千二百二十八卷唯此爲正餘者並非而今道士或出情製造或改换佛經添足目録增加部袠云有二千四十卷復過前數幾許浪言請問道士後出之經爲是天尊更說爲是老子前陳縱使說經應有處所

爲是何帝何時何年何月如必有據容得流傳如其詐妄理合刊削又俗士所製取作道經此之流類數亦多矣如太玄經楊雄所造洞玄經王褒所製指歸經嚴君平造三皇經鮑靜所製開天經張泮所造化胡經王浮所製或取盤古之傳或取諸子之篇假認俗書以爲道教偷竊釋典持作老經前已略陳不能重述似貧人罄窖盜他寶爲家財飢者困窮噉芻芥爲美食如槩所見老子二篇正是道經依令行之自餘諸部皆是妄認事須正之庶知道與佛殊李將釋別則使鼠璞不濫雉鳳條分後學之徒豈應謬歟

第八決破統論佛法虛多實少道人假說槩
聞眞身絕待非形方質礙可求至理出情豈
言談語論可得大矣哉蕩蕩乎大道之外妙矣
哉超絕乎眞一之表於是四句頓亡百非洞
遣窮言極慮物莫能名者哉但妄識悠悠迷
情蠢蠢縱四狂而弗惺耽五醉而長昏故大
聖垂慈志存拯拔於是開五乘之迹通四辯
之音非身現身身滿於法界無說示說說遍
乎大千故有微塵化身分散而莫盡恒沙法
藏流演而無窮故須弥圖經云寶應聲菩薩
化爲伏犧吉祥菩薩化作女媧儒童應化作
孔丘迦葉化爲李老妙德託身開士能儒誕

孕國師又涅槃經云所有經書記論伎藝文章皆是佛法以此而推三皇五帝孔李周莊皆是菩薩化身所收文字圖書詩章禮樂並是諸佛法藏所攝文理昭然豈爲虛妄而弃執言謬理覩化迷眞專以形迹見識名器相尙將泥木以毀聖持鑴畫以難眞然鑴畫代眞寧是眞佛泥木表聖非即聖人故佛有覺名假名非實佛有形像假像非眞非眞而立像爲令因像以悟眞非實以施名爲令因名以悟實無名無實悟者所以豁虛非像非眞造人所以玄會妙哉斯言之至也深矣斯理之極也而弃闇於深理迷於業報弗論身後

唯計眼前若言欲求富貴唯須壯馬負鐵効
力疆場不須造像修功以祈福力者武周壯
馬最多世充厚鉀不少効力征戰固守疆場
常應富貴今者何在若言欲得布絹豐饒穀
米成熟但裁蒔桑麻積聚爛糞不須寫涅槃
千部誦法華百遍以祈福力者建德廣占桑
田薛舉大足馬糞長應積殖多納倉廚今復
何在若言欲得粮貯充牣耕稼弗違但開渠
引水灌畦注埠不須轉海龍王經十部以求
雨潤者蕭銑據有荆州堤堰倍常沃潤應課
收納保據封疆今復何在以此而推我
大唐皇帝内則樹善憑福外則應天順民故

得華戎率從羣兇授首倉庫充仞封域廓淸若非内外福饗豈能剋定艱難者也若言欲求忠臣孝子佐世治民唯讀孝經一卷孝子二篇不須廣讀佛經者尋此經但明世間忠孝未及出世忠孝何者夫處俗躬耕奉親以竭力出家修道遵法以興慈竭力者答現前之小恩興慈者報將來之大德雖暫乖敬養似若慢親終能濟拔方爲至孝斯則利沾三世豈唯旦夕之勞恩潤百生寧責晨昏之養校其在生勝劣明矣若言老子二篇足明忠臣孝子佐世治民者尋老子絕慮守眞亡懷猒俗捐親弗顧棄主如遺豈論奉孝守忠治

民佐世也故老子云吾所以有大患者爲吾有身及吾無身有何患乎此全猒身棄世弗可佐世也又言貴身有天下者可以暫託不可久也河上公注云人君貴身而賤人欲爲天下主則可暫寄不可久居此令捨俗遺榮不可以治民也尋傅奕負恃凶頑輕弄脣吻辭繁理寡語少罵多縱瞋毒以中人逞惡言以迷俗於是梟音醜氣稍滿村閭鴟響毒聲漸喧行路遂令無識邪黨唱快相傳達見士流傷嘆憐愍而偏護道法憎惡佛僧物類相感人畜同尒有類蚩尤之犬吠於軒轅盜跖之徒惡於夫子弗可怪也但弈覩佛法尊高

衆僧貴勝坐必居上行要在先帝王盛崇朝
臣頂戴寺塔宏壯齋供充盈民庶爭歸士女
奔湊至於玄壇之内事等荒村治觀之中還
同廢社時因祭醮託酒肉以招人或賴吉凶
假送餉以來物故微沾識解弗受欺誣少有
信心豈從迎請愧斯寂寞恒有嫉心致使虛
構浮辭強相挫辱罵詈極其醜氣呪詛窮其
惡言誹謗弗忌殃尤譏毀寧計罪福縱令眼
前焚蕩不稱其心手下屠刑寧厭其快書之
民惡其上獸惡其網斯之謂歟昔崔晧說魏
太武令破滅佛法殺害僧尼自於家内禮事
尊像太武察得忿其矯誑即便誅戮曝屍都

市勑令行人咸糞其口太武還興佛法敬事如初又周武帝狂悖無道毁滅佛法焚燒經像破壞塔寺罷廢衆僧遂身生癩瘡惡疾而死斯並近代殊驗靈崇著明聖上文思乆已玄鑒弃之罪業方墜泥黎永劫沉淪深可憐愍槩矜其邪謬曉以正言儻或返迷去道何遠望諸同志咸識此心龍朔三年七月十九日長安令清河公李義節於西明寺索破邪論往光明寺經坊所立抄演訖以其月二十一日進了

廣弘明集卷第十二　亦

明槩下古愛反睿悊上羊歲反下正作哲丨丨明聖也翹想上渠揺反
勤也臻輯上側巾反至也下音集騰驤下息羊反馬躍也惇史上之
倫反實也又都昆反厚也懔勵上呂錦反下正作厲丨丨恭敬嚴整之皃蔑聖
上莫結反輕丨也正作懱梟音上古堯反伯勞鳥也鴆響上直禁反毒鳥也多
食虵讒言上助銜反墨翟下徒的反讒慝下他得反惡也遊翳下一
計反眩惑上音縣亂也混淆上胡本反下戶交反丨丨雜也緇徒上側

思反刳心上音枯同前斮髓上側略反斫也謗讟下音讀同前忏
聽上音干自貽下余之反傚習上方罔反効也狐裘二字音胡求以
狐貉之皮爲上衣覶縷上郎和反丨丨情意委曲也梳櫛下阻虱反丨亦
梳也戴幘下音責巾丨也冠巾上音貫丨東也殉義上詞閏反
同前飼母上音寺餧丨也仇疋上音求夭胎上於小反亡也
伉儷上苦浪反下零帝反丨丨疋偶也芋蒻上于向反根實可食者也下音

若藕之細條也又云芋蒻芋之莖也瘠丰亦反瘦也羸力垂反丨劣詎踐
下音戢蹈也蜫虫上音昆下正作蟲怯苦劫反丨畏雞肫下音屯小
豬也臠膾上呂轉反割也下音檜醑醪上息呂反下音勞並酒名體肥上與
體同下旁非反貨殖下時力反稼穡二字音嫁色種曰稼收曰穡也田埜
下古野字驟雨上助瘦反疾也飛螟下莫經反食禾蟲也雙穟下音遂麥
秀也錫杖上先擊反悖逆上蒲沒反不悛下七全反攺也拔溺下奴
的反沉丨歲稔下汝審反豐熟也氣阜下音婦盛也田疇能上直流反
計也數殫紀上音丹盡也作彈誤晃旒二字音免流天子之冠垂旒十二也
諸矦九旒大夫七旒士三旒長短亦有品次稽顙下蘇朗反以首至地也披
褐二字音被曷識書上楚禁反徵驗未萌之事社禝下音即窺窬
上傾弥反下音逾私視也貲租上即斯反下子胡反丨丨財税也秀稗上音
酉正作莠下蒲賣反二草名龕苦含反斗筲下所交反竹器砧磓上知

林反下直追反慆咸字去聲斧扆上音甫下於豈反天子之屏風也黑自畫斧者
鯆也鯆音甫八斛下胡谷反十斗一斛二枚下音梅个數也眼梗下加
猛反刺也絣繩上補耕反鞭撻下他達反憒責上房粉反怒也貶之
上悲檢反黜也苛虐上音何下魚反酷毒之甚却也自慨下苦愛反漢也叩
頭上音口丨擊戰慄下良一反悚懼之皃撞擊上直降反八愷下苦
改反丨樂也左傳云高陽氏有寺土八人曰八愷保乂下魚吠反安也恤貧
上思律反賑財匱之日恤標樹上必苗反茅蕝下子管反丨丨草束也嶷
介上宜力反山皃泯無上米忍反絕也臧也逆疊下許進反禍也王濬
下私閏反褒矜下居陵反二字有誤作表旍步崗下音剛姦匿下尼力反
喉鈃也矯假上居小反丨誑也下古馬反噎氣上於結反亦作因闔
州上胡塔反遍也餘騎下去聲鞌馬上與鞍同紇俱有反舉也十
長下音丈餘也繒綿上自陵反凍餒下乃每反飢丨也作餧誤沉痾

下音阿丨丨囷病也　縑音兼絹也　盟經上音明丨誓也　黠兒上閙八反智也
蚍蝥下音釋蚍行毒也又呼各反　迫脇下虛業反以威逼人也正作愶　誸
囚上俱犬反誘也　酒鮭下音圭魚也　分肉兵字　庖丁上步交反古之
看人也　乾腊下音昔脯丨也　清醇下市倫反美酒也　啜昌劣反飲丨也
正作歡　饕餮二字音叨鐵貪財曰饕貪食曰餮　黍麥上式呂反亦作乘　溪
鑿下呼各反　湊集上七奏反聚也　猥雜上烏每反鄙也惡也　殫述上音
丹同前　妍醜上宜牽反好也　治鑄二字音野注鑪治鎔鑄也　有娠下音
身孕也　胤余鎮反繼也　捎圈上音緣棄也下卷反盛猪之檻　其也　猪噓
下音虛氣吷也　桑櫜下正作穀木名也　倉儲下音除積也　充牣下音
刃字充滿益也　鞠躬上居六反　一瓢下毗遷反瓠之屬可以爲飲器　餧夫
上乃每反餞也　賑貯上音居　迭出上徒結反更丨　殄徒典反滅也　各
擅下時扇反　懲音澄誠也　少昊上去聲下胡道反　不肖下音笑　帝

摯下音至滿朞下居其反年也羿音詣寒湜下助角反王莽下母
朗反繩劾下胡得反丨丨推罪也作劾誤猜貳上七才反倭謟上数定反
淆亂上戶交反謙挹下正作揖伊入反嘉逌下徒困反隱也築音竹
碣石上渠列反緝修上七入反攸序上音由所也岋多上其業反
正作岌褚丑呂反姓反雒陽上音落嶄憤上慙字下房粉反丨怒也
張泮下音判鏧窘下具殞反丨丨貧迫也芻茶上楚俱反草也下芥

字·鼠璞下疋角反雉鳳上直里反野雞也惺息井反丨覺也拯拔
上蒸字上聲女媧下音瓜同前雋畫上子全反豁虛上呼括反壇場
二字音薑亦界分也厚鉀下音甲槃米上穀字栽蒔下音侍種丨也
耕穫下胡郭反收丨灌畦上音貫澆沃也下音携田區也洼埠下音婦正
作阜土厚也蕭銑下先典反堤堰上低帶二音下於建反丨丨積土衛水
脣吻上市春反下武粉反逞丑領反梟音上古堯反鴆響上直禁反

蚩尤上尺之反 盜跖下音隻 宏壯上惠萌反 奔湊下七奏反 送

餉下詩尚反食也 欺誣下音無 寂寞下音莫 挫辱上則卧反折丨

呪詛下側助反 曝屍上蒲報反日丨也又蒲木反